INVENTAIRE
S34.049

MÉTHODE BAUCHER.

PROGRAMME D'ÉQUITATION

M. L. RUL,

PROFESSEUR DE HAUTE ÉQUITATION,
ÉLÈVE DIPLÔMÉ DE M. BAUCHER.

IMPRIMERIE DE DELACOUR ET MARCHAND Frères,
A Vaugirard. — Maison à Paris, rue de Sèvres, 41.

1846

PROGRAMME D'ÉQUITATION.

M. L. RUL,

PROFESSEUR DE HAUTE ÉQUITATION,
ÉLÈVE DIPLÔMÉ DE M. BAUCHER.

IMPRIMERIE DE DELACOUR ET MARCHAND Frères,

A Vaugirard. — Maison à Paris, rue de Sèvres, 41.

1846

Amicus Plato, sed magis amica veritas !

Monsieur,

Depuis l'apparition de la NOUVELLE MÉTHODE
D'ÉQUITATION DE M. BAUCHER, le monde équestre
s'est agité de toutes parts.

Chacun a voulu juger par lui-même le mérite
de ce nouveau système, et en faire, le livre en
main, l'application.

Erreur qui trop souvent n'a conduit qu'à des
mécomptes et à des déceptions.

Je sais, par une expérience de sept années,
combien il est facile, quelqu'habile cavalier que
l'on soit, de se tromper l'orsqu'on a pour guide
le livre seul de M. Baucher. En effet, si les
principes de M. Baucher sont exacts comme des
théorèmes, il ne faut pas oublier qu'il y a, à côté
de la partie stientifique, théorique, la partie

artistique, pratique ; et celle-là ne peut pas s'écrire ! En supposant que chaque lecteur ait parfaitement compris tous les principes contenus dans le livre, qui lui dira s'il les a bien appliqués ? qui lui fera connaître la force exacte qu'il doit employer ? Là est le secret des difficultés qu'ont dû rencontrer toutes les personnes qui, sans autre secours que le livre de M. Baucher, ont essayé de faire l'application de ses principes.

Bientôt rebutées d'un travail sans compensation, ne pouvant découvrir le secret de leurs insuccès, elles ont dû les imputer à l'imperfection de la méthode, mode d'argumenter qui, quoique souverainement faux, souverainement injuste au fond, est cependant logique au point de vue de l'esprit humain.

M. Baucher, dès le principe, a prévu tous ces inconvénients ; et entre la crainte de voir appliquer incomplètement sa méthode, et le désir bien naturel d'associer à ses belles découvertes les Officiers de Cavalerie, les propriétaires de Haras, les écuyers, les amateurs, en un mot, tous ceux qui par goût ou par position s'occupent de ce noble animal, il n'a pas dû, il ne pouvait pas hésiter.

C'est pour satisfaire au désir de M. Baucher, mon illustre maître et ami, c'est pour m'associer à ses vues inspirées par le culte le plus sincère de la science, dans le but de prévenir ces inconvénients, que je me suis voué à la propagation de ces nouveaux principes équestres.

J'y consacrerai toute mes forces, toutes mes facultés, toute mon énergie !

L'appel que je viens faire dans ce pays s'adresse à toutes les personnes qui désirent avoir les moyens les plus simples, les plus faciles de bien monter à cheval et de dresser toute espèce de chevaux dans le moins de temps possible.

A celles que l'insuccès d'un premier essai tenté sans guide a découragées, je dis : Venez, et dans quelques heures, dès la première peut-être, vous reconnaîtrez les erreurs pratiques que vous avez commises. Cette découverte en amènera d'autres, et bientôt marchant d'un pas sûr et éclairé dans l'application de ces principes, éprouvant des jouissances que vous ne soupçonniez pas, que le vulgaire ignore, vous ne regretterez pas les quelques heures que vous aurez consacrées à l'étude de cette science si belle, si animée !

Aux personnes de bonne foi qui doutent, je dirai aussi : Venez, et vos doutes céderont bientôt à l'évidence des faits.

Les Dames, les jeunes Personnes pour qui l'équitation est non-seulement un délassement, mais un exercice salutaire, en acquérant par la pratique de ces nouveaux moyens plus de facilité, plus de tact, éviteront les causes nombreuses qui trop souvent d'un plaisir utile et gracieux, font une source de périls !

A l'Officier de cavalerie, à l'Écuyer, élevés dans les anciennes doctrines équestres, je dirai : Si jamais, en présence de quelques difficultés qui vous ont semblé ardues, insurmontables avec les moyens ordinaires employés jusqu'à ce jour, vous vous êtes demandé s'il n'y aurait pas quelque chose de mieux à faire ? Hé bien, venez essayer cette nouvelle méthode qui donnera réponse à toutes vos questions, qui aplanira toutes les difficultés, et qui, en vous donnant les moyens sûrs, infaillibles de dresser en très-peu de temps les chevaux les plus difficiles, vous convaincra de cette vérité énoncée par M. Baucher : qu'il n'y a pas de chevaux indomptables.

J'ai parlé de la méthode, j'ai dit ses avantages; deux mots, sur mes titres à la confiance du public.

Depuis vingt ans je m'occupe d'équitation. Treize ans de ma vie, hélas ! se sont passés dans l'étude de tous les systèmes équestres, dans la lecture attentive de tous les auteurs qui semblent avoir pris à tâche de se contredire les uns les autres, et mon esprit mécontent, irrésolu n'avait recueilli, de tout ce labeur, que doute et incertitude !

Depuis sept ans que je pratique la nouvelle méthode, j'ai, pendant quatre années, travaillé sous les yeux de M. Baucher, montant quinze à vingt chevaux par jour.

J'ai monté (privilége bien rare !) tous les chevaux de M. Baucher, ces merveilles inimitables !

Le premier, j'ai reçu de M. Baucher le diplôme de professeur de sa méthode.

Par ordre du Ministre de la guerre de Belgique, j'ai fait suivre un cours à tous les Capitaines-Instructeurs de la Cavalerie et de l'Artillerie de l'armée. Depuis trois ans j'ai enseigné la méthode à Malines, à Bruxelles, à Prague, à Vienne, et parmi le grand nombre d'élèves qui ont suivi mes cours, je m'honore de compter des généraux, des officiers supérieurs, des officiers de tout grade, des élèves des écoles militaires, etc.

Voilà mes titres.

S'ils vous paraissent suffisants, et si j'ai été assez heureux, Monsieur, pour vous inspirer le désir de connaître cette nouvelle méthode d'équitation, vous pouvez compter, Monsieur, sur tous mes soins pour vous en rendre l'étude aussi facile qu'attrayante.

Louis RUL,

Professeur de haute équitation, élève diplômé de M. Baucher.

Je soussigné, auteur de la NOUVELLE MÉTHODE
D'ÉQUITATION, BASÉE SUR DE NOUVEAUX PRINCIPES,
*reconnais pour mon élève M. Louis RUL, qui a
suivi tous mes cours pendant 4 ans et instruit la*
CAVALERIE BELGE *pendant 2 ans comme* ÉCUYER.

*Je certifie qu'il possède entièrement la pratique et
la théorie de mes principes.*

*Je ne puis faire un plus bel éloge de son mérite,
ni lui donner une plus grande preuve de mon affec-
tion qu'en lui délivrant le présent Diplôme.*

*Paris, le dix-huit octobre mil huit cent quarante-
quatre.*

BAUCHER.

A ce diplôme du maître qui exprime le juge-
ment du *Professeur* sur son *Élève*, j'ai cru utile
d'ajouter les opinions de plusieurs personnes que
je m'honorerai toujours d'avoir eues pour élèves.
Que le Public de bonne foi, qui aime le progrès
réel, le progrès conservateur, juge sans passion
et en connaissance de cause !

MINISTÈRE DE LA GUERRE.

Bruxelles, le 20 juillet 1843.

Monsieur,

Monsieur le lieutenant-général d'Hane, chargé de la haute surveillance du cours d'équitation, vient de me rendre compte qu'il résulte d'une déclaration signée de tous les capitaines instructeurs, qu'ils sont suffisamment éclairés sur toutes les parties de la méthode Baucher, pour pouvoir faire choix de ceux des procédés de cette méthode dont l'introduction serait jugée utile dans la cavalerie belge. Le but que le gouvernement se proposait, se trouvant dès lors complétement atteint, j'ai l'honneur de vous informer, etc., etc. . . . .
Je saisis cette occasion pour vous remercier du zèle que vous avez apporté dans l'accomplissement de la mission qui vous a été confiée; vos efforts dans le but de propager la méthode Baucher, ne seront d'ailleurs pas sans résultat avantageux pour notre cavalerie, et j'ai la satisfaction de pouvoir vous faire connaître, dès à présent, que la commission des capitaines instructeurs qui s'occupe en ce moment de la rédaction d'un cours d'équitation, empruntera probablement à cette méthode plusieurs principes dont l'application a paru à la commission d'une grande utilité.

Le Ministre de la guerre,

Du Pont.

Moi, Deys J. B. J., général-major, commandant la 1re brigade de la 2e division en Belgique, suis heureux de témoigner à M. Louis Rul, écuyer français, élève du célèbre Baucher, toute la satisfaction que j'ai éprouvée à connaître cette nouvelle méthode dont les résultats sont aussi infaillibles qu'ils sont prompts, et que j'ai suivi avec plaisir et assiduité le cours qui m'a été donné en particulier à Bruxelles.

Dans l'intérêt de la vérité et pour seconder les efforts de M. L. Rul, qui s'est dévoué à la propagation de cette méthode, j'ai donné et donne par la présente le témoignage de ma haute satisfaction.

Bruxelles, le 24 juin 1844.

Signé : **J. Deys**

M. Louis Rul, élève de M. Baucher, et professeur de haute équitation, a, par sa méthode, dressé un de mes chevaux de selle, de race anglaise, et dont la prédisposition très-prononcée à se défendre contre l'action de la main et des jambes, avait résisté à l'emploi des moyens ordinaires.

Je me plais à reconnaître que c'est par la susdite méthode que M. Rul a, en peu de temps, obtenu tout le succès désirable, et que ce cheval, devenu obéissant et parfaitement assoupli, est actuellement très-maniable et propre à sa destination.

Bruxelles, le 29 juin 1844.

Le général aide-de-camp du Roi, gouverneur militaire de Bruxelles, commandant en chef la Gendarmerie.

Signé : Anoul.

Bruxelles, le 12 juillet 1841.

Mon cher Rul,

Je ne puis assez vous témoigner toute ma reconnaissance pour l'extrême obligeance que vous avez bien voulu avoir envers moi, pendant votre séjour dans cette ville; Madame se trouvant en ce moment à la campagne, je viens, en son nom, vous faire ses sincères remerciements pour les soins que vous avez mis à lui donner les premiers principes d'équitation; les progrès qu'elle a faits en si peu de temps à exécuter toutes les évolutions de la haute école, m'ont donné une preuve évidente pour la bonté de votre méthode; de plus son cheval, à qui vous avez bien voulu donner les premiers principes d'équitation et que Madame a achevé, sous votre direction, est devenu un des chevaux les plus remarquables de la haute école, exécutant avec grâce et habileté tout ce que l'écuyer le plus habile peut demander d'un cheval. Mon cher Rul, officier de cavalerie depuis trente ans, ayant suivi tous les cours d'équitation connus jusqu'à ce jour, j'ai voulu connaître par moi-même une méthode qui avait excité tant d'enthousiasme d'un côté et tant d'opposition de l'autre. Pour apprécier le véritable mérite de cette méthode, j'ai voulu, moi, ancien cavalier qui croyait n'avoir plus rien à apprendre en équitation, faire abnégation de tout mon amour-propre, et je me suis mis dans les rangs avec les officiers de tous grades qui suivaient votre cours. J'ai pu bientôt me convaincre de l'excellence de cette méthode, dont les résultats sont aussi prompts que satisfaisants. Je puis ajouter, à l'appui de ce qui précède, qu'ayant fait l'application de votre méthode sur un de mes chevaux, je suis parvenu, après un travail régulier de deux mois et demi, sous votre direction, vous comme écuyer, premier élève de M. Baucher si avantageusement connu, à mettre mon cheval dans une équilibre tel, que j'ai exécuté tous les airs de manége, et les changements de pied du tact au tact.et même le piaffer, avec une facilité et une élégance que j'étais loin d'attendre d'un cheval d'atelage; je puis même ajouter sans exagération que c'est un des chevaux que j'ai montés avec le plus de satisfaction depuis trente ans que je m'occupe de l'art équestre. Cette expérience sera pour moi un des motifs le plus puissant pour que je continue à l'avenir à mettre tous mes chevaux d'après cette méthode. Je crois, mon cher Rul, pouvoir vous dire sans vanité que ma propre expérience m'autorise à recommander l'étude de votre méthode aux vrais amateurs d'une bonne et saine équitation, et dont le mérite ne consiste pas seulement à dresser en peu de temps toute espèce de chevaux, mais encore (et j'insiste sur ce fait) à conserver l'organisation du cheval dans un état parfait.

J'apprends avec regret que vous allez nous quitter bientôt pour vous rendre en Italie; j'ai tout lieu de croire, et je ne doute même nullement, que votre méthode sera couronnée d'un plein succès.

Agréez, je vous prie, mon cher Rul, l'assurance de ma sincère amitié. Tout à vous.

Signé : KENENS.

Lieutenant-colonel, commandant la 3ᵉ division
de la Gendarmerie nationale Belge.

Monsieur,

J'apprends que vous quittez la Belgique; j'ai été trop à même d'apprécier les nombreux avantages de la méthode d'équitation que vous avez enseignée pendant votre séjour à Bruxelles, pour ne pas vous témoigner toute la satisfaction que j'éprouve en voyant les résultats que vous avez obtenus, par l'application de vos principes à l'éducation des chevaux, et à l'instruction des cavaliers.

L'exemple si remarquable des deux chevaux que vous avez bien voulu dresser pour moi, ne pourrait laisser aucun doute dans mon esprit.

Je suis persuadé, Monsieur, que vous réussirez dans les projets que vous pouvez avoir formés. A part tous les éléments de succès que vous donnent vos connaissances dans l'art que vous enseignez, art qui est l'objet de votre prédilection, vous possédez tous les avantages qui caractérisent l'homme du monde.

Tous ceux qui ont suivi vos cours de haute équitation, se souviendront toujours, comme moi, des excellentes leçons qu'ils ont reçues et de la distinction des manières du professeur, qui n'a pas cessé un seul instant de joindre, à un zèle infatigable, un ton et une convenance parfaite.

Veuillez agréer, je vous prie, Monsieur, l'assurance de toute la considération de votre devoué,

EENENS,

Major au 1er d'Artillerie.

Camp de Brasschael, le 14 juillet 1844.

Monsieur Rul,

Je viens vous remercier de la peine que vous avez prise de dresser le cheval que je vous avais confié. J'aime à proclamer, Monsieur, que vous avez atteint le but en bien peu de temps et d'une manière on ne peut plus complète. Ce cheval qui, auparavant, avait des allures disgracieuses et peu sûres, est actuellement d'une élégance et d'un fini remarquables, et ne fait plus un seul faux pas.

Ce résultat et beaucoup d'autres, dont j'ai été témoin, me font regretter de n'avoir pu profiter plus longtemps de vos leçons ; j'aurais voulu connaître à fond une méthode au moyen de laquelle vous avez obtenu tant de succès.

Je dois ajouter que je crois difficile de confier la propagation de la méthode *Baucher* à de meilleurs mains que les vôtres; vous joignez aux talents de l'écuyer consommé, l'éloquence de l'homme convaincu.

Veuillez recevoir, Monsieur, l'expression de ma considération distinguée,

Signé : RENOZ.

Officier au corps d'état-major.

Bruxelles, 14 juillet 1844.

Le soussigné, major d'artillerie détaché au département de la guerre, déclare avoir suivi un cours de la méthode d'équitation de M. Baucher, sous la direction de M. Rul, élève de cet habile écuyer.

Les procédés de la méthode lui ont paru simples, rationnels et prompts, et de nature à développer le goût de l'équitation chez les cavaliers qui les pratiquent.

Il se plaît également à reconnaître que les principes de cette méthode sont enseignés par M. Rul avec autant de zèle que de talent.

Signé : A. SOUDAIN DE N.

Bruxelles, le 4 juillet 1844.

Je soussigné, major d'infanterie détaché au département de la guerre, déclare avoir suivi un cours de la méthode d'équitation de M. Baucher, sous la direction de M. Rul, élève de cet écuyer distingué.

Cette méthode, que j'ai suivie et pratiquée avec autant d'exactitude que d'intérêt, m'a paru rendre le dressage du cheval facile ; elle donne au cavalier l'intelligence de l'action équestre, lui fait acquérir du tact et de la puissance et lui fait aimer l'équitation, parce qu'on exécute avec goût ce qu'on fait avec intelligence et facilité.

M. Rul développe le système de M. Baucher avec talent et enseigne les principes de la méthode avec lucidité ; aussi mérite-t-il la bienveillance de tous les hommes appréciateurs de la capacité et du talent.

Signé : Alex. WEISSENBRUCK, maj.

Bruxelles, le 1ᵉʳ juillet 1844.

Le soussigné, major d'infanterie attaché à la division
du personnel au département de la guerre, déclare avoir
suivi un cours d'équitation d'après la méthode de M. Baucher, sous la direction de M. Rul, élève de ce célèbre
écuyer.

Les procédés de la méthode lui ont paru de nature à
donner de prompts résultats.

Il se plaît à reconnaître que M. Rul les enseigne avec
un zèle et un talent qui ne peuvent manquer de développer le goût de l'équitation chez les personnes qui suivent
ses leçons.

Signé : Sapin.

Bruxelles, le 5 juillet 1844.

Mon cher Rul,

Je ne puis vous laisser quitter la Belgique sans vous témoigner toute ma reconnaissance pour l'obligeance et le
zèle que vous avez mis à m'enseigner les principes d'équitation de la méthode Baucher. Quoique la réputation et le
traité de cet habile écuyer eussent dû me prévenir favo-
rablement en faveur de vous, son premier élève, je ne
pouvais m'attendre à vous voir obtenir d'aussi prompts
résultats sur un poulain de trois ans, et sur une pouliche
de deux ans et demi, dont l'âge était un obstacle réel.

Sans m'étendre sur la bonté des principes que vous m'a-
vez enseignés, j'aime à vous rappeler leur double effet sur
le physique et le moral de ces jeunes chevaux ; d'une part
ils se sont fortifiés d'une manière très-remarquable, de
l'autre leur docilité a égalé leur vivacité, et la pouliche,

après la septième leçon, a cessé de frapper à l'écurie, comme elle le faisait jusqu'à cette époque.

Les relations amicales que nous avons eues au manége, me laisseront toujours un souvenir bien agréable, et me font désirer qu'il en soit de même chez vous.

Agréez, mon cher Rul, l'assurance de la reconnaissance et des sentiments affectueux de votre dévoué serviteur.

Signé : Hippert,

Capitaine d'Artillerie, officier d'ordonnance du Roi.

Bruxelles, le 27 juin 1844.

———

Moi, Buls, Corneille-François-Walther, capitaine-adjudant-major au 3ᵐᵉ régiment de Ligne belge, déclare que M. Rul, élève du célèbre Baucher, a fait l'application de la méthode de ce grand maître, à mon cheval, et qu'en huit leçons, les allures du pas, du trot et du galop étaient parfaites; en outre les assouplissements étaient si avancés, que l'animal supportait les attaques, sans opposer la moindre résistance. Il en résulte que, grand partisan de la méthode dont il s'agit, théoriquement parlant, j'ai dû me rendre à l'évidence et admirer l'instruction pratique.

Quant à l'éducation du cavalier, bien que je n'aie eu que peu de leçons, elles m'ont suffi pour apprécier l'excellence des principes prescrits par M. Baucher, et pour me démontrer qu'ils sont le résultat d'une expérience approfondie; tôt ou tard sa méthode doit indubitablement prévaloir et opérer une révolution complète dans l'art équestre.

Qu'il me soit permis de profiter de la circonstance, pour témoigner à M. Rul toute ma reconnaissance pour la manière aisée, lucide, correcte, avec laquelle il donne ses leçons ; et si les efforts incessants de cet habile écuyer pour la propagation de la méthode, ne sont couronnés d'un plein succès, à coup sûr, ce sera tout-à-fait indépendant de sa volonté.

En foi de quoi le présent est fait pour servir au besoin.

Signé : Buls.

Bruxelles, le 1er juillet 1844.

Je soussigné Charlier, capitaine-commandant au 1er régiment de Cuirassiers, aide-de-camp de M. le général-major Anoul, déclare que M. Louis Rul, élève du célèbre Baucher et professeur de haute équitation, ayant eu l'extrême obligeance de s'occuper pendant quelque temps du dressage d'un de mes chevaux, est parvenu, au moyen de la méthode qu'il enseigne avec beaucoup de succès, à perfectionner la tenue et la souplesse du cheval, à donner à l'avant-main une action plus libre et plus relevée et à l'amener, par une répartition égale de son poids, à une position d'équilibre qu'il n'avait pas avant d'être dressé d'après la méthode précitée.

Signé : Charlier, capit.

Bruxelles, le 1er juillet 1844.

Alost, le 31 octobre 1843.

Monsieur Rul,

J'aurais désiré venir vous remercier moi - même de l'obligeance que vous avez eue de dresser mon cheval, mais cela n'a pas été possible, mon temps était compté. Je ne puis donc assez vous remercier ; je suis on ne peut plus content, et ne puis qu'approuver votre méthode, d'après les résultats que vous avez obtenus.

Recevez, Monsieur, l'assurance de toute ma reconnaissance.

Signé : DE BURBURE.

Monsieur Rul,

La satisfaction et le plaisir que j'éprouve à monter le cheval bai-clair que vous avez eu la bonté de me dresser, me fait espérer que vous serez assez obligeant d'entreprendre mon cheval anglais, et je suis persuadé d'avance qu'en très-peu de temps vous le rendrez aussi agréable à monter que le premier.

Agréez, je vous prie, l'assurance de ma reconnaissance.

Signé : VANCRAN, cap.

Je soussigné, capitaine d'artillerie, professeur d'artillerie à l'école militaire de Bruxelles, après avoir suivi les leçons d'un cours d'équitation fait d'après le système de M. Baucher, par M. Rul, élève du célèbre écuyer français, me fais un plaisir de témoigner toute la satisfaction que j'éprouve d'avoir appris à connaître une méthode dont les résultats sont aussi sûrs que prompts.

Malheureusement, le temps que M. Rul a pu accorder aux pressantes sollicitations de ses élèves, était trop court pour qu'il m'ait été possible de pousser jusqu'au bout la belle et agréable expérience que j'avais entreprise sous son habile direction. Mais ce que j'ai vu et pratiqué, me donne la conviction qu'il n'y a rien d'exagéré dans ce qui a été dit du point auquel la méthode de M. Baucher peut conduire, lorsqu'on s'astreint à la progression indiquée dans ses écrits, que l'on met à chaque chose le temps et la persévérance nécessaire, et surtout que l'on est initié aux difficultés et surveillé dans leur exécution par ce savant écuyer.

La presque certitude de ne plus rencontrer de longtemps quelqu'un qui joigne à une éducation solide les qualités de l'homme du monde et celles d'un bon professeur, ajouterait encore, s'il était possible, au regret que j'éprouve de n'avoir connu M. Rul que pendant les deux derniers mois de son séjour à Bruxelles.

Signé : A. Colignon.

Capitaine d'artillerie, professeur à l'école d'application de l'artillerie et du génie à Bruxelles.

Bruxelles, le 14 juillet 1844.

Monsieur,

Je regrette qu'une absence qui s'est prolongée plus que je le ne pensais, m'ait privé du plaisir de vous voir avant votre départ. Je regrette surtout de n'avoir pu vous exprimer la satisfaction que ma procuré le cours que vous nous avez donné.

Cette satisfaction, Monsieur, a été d'autant plus vive que je n'y comptais pas, ne m'étant rangé au nombre de vos élèves que pour apprécier, autrement que dans un livre, les principes de M. Baucher, que vous professiez. En outre, ayant fréquenté non-seulement les écoles Belges, mais plus encore celles de France et d'Allemagne, je ne me soumettais qu'avec répugnance à des idées neuves qui renversaient celles qui m'étaient chères.

Cependant vous avez pu reconnaître, Monsieur, que, pour juger avec impartialité, ma soumission fut sans bornes : j'en fus bientôt récompensé eu trouvant, comme conséquences qui découlaient de vos principes, des procédés dont l'efficacité m'a souvent étonné ; aussi je les regarde comme d'utiles enseignements dont je compte bien profiter.

Je ne puis me dispenser, Monsieur, de vous témoigner aussi ma reconnaissance pour le zèle et le dévouement avec lequel vous vous êtes efforcé de m'instruire, ainsi que vos autres élèves.

Je vous prie de recevoir aussi,' Monsieur, l'expression de ma considération la plus distinguée.

Le commandant des chasseurs à cheval de la garde civique de Bruxelles.

Signé : C. Léon de Robiano.

Bruxelles, le 22 juillet 1844.

Mon cher Monsieur Rul ,

Permettez-moi de vous adresser quelques lignes pour vous témoigner ma reconnaissance des peines que vous avez bien voulu vous donner pour m'enseigner la méthode d'équitation de M. Baucher, et pour vous exprimer mon admiration pour cette méthode, que vous développez et enseignez avec tant de talent et de lucidité. Cette méthode, la meilleure, suivant moi, que j'ai vu essayer et suivre, depuis 14 ans que j'ai l'honneur de servir dans la cavalerie, et que j'aie été heureux de pouvoir pratiquer sous votre direction pendant trois mois ; cette méthode, dis-je, rend le dressage du cheval facile, prompt et certain ; elle donne au cavalier l'intelligence de l'action équestre, lui fait acquérir du tact et de la puissance, lui fait aimer l'équitation, parce qu'on exécute avec goût ce qu'on fait avec intelligence et facilité.

La progression que vous avez suivie est admirable, et ne peut manquer d'amener à des résultats satisfaisants et à des succès avantageux pour la cavalerie. Comme preuve de ce que j'avance, je citerai mon cheval alezan, qui, quoique infiniment trop long, d'une très-grande faiblesse de reins, et rétif au dernier point, est devenu, en trois mois, le cheval *de dame*, le plus *sage*, le plus *souple* et le plus *docile* que j'aie *jamais monté;* aussi l'ai-je vendu pour une jeune personne qui commence à monter à cheval.

Mais je ne puis pas terminer sans vous témoigner toute mon admiration de la persévérance et de l'intelligence avec laquelle vous avez développé le système de M. Baucher : il est impossible d'y mettre plus de soins que vous ne l'avez fait pendant tout votre séjour ici.

Recevez donc , encore une fois', mon cher M. Rul , l'expression de ma reconnaissance et de mon admiration, et comptez-moi, je vous prie, parmi vos amis les plus sincères.

C. D'ANSEMBOURG, lieut. aux guides.

Bruxelles, le 15 juillet 1844.

Je soussigné, Louis Beckx, sous-lieutenant au 1ᵉʳ chasseurs à cheval , déclare avoir profité du séjour de M. Louis Rul en Belgique pour étudier, pendant quinze mois , la méthode Baucher.

L'enseignement de cet habile professeur m'a mis à même de pouvoir appliquer, avec le plus grand succès, la méthode sur plusieurs chevaux, la plupart sans allures régulières, et déclarés impropres à la selle par les divers écuyers et professeurs , tant civils que militaires de la Belgique.

Je suis parvenu, en très-peu de temps, à replacer ces chevaux dans un équilibre qui leur permet de prendre toutes les allures avec la plus grande facilité, résultat qu'on n'aurait jamais pu obtenir d'après les principes d'équitation connus jusqu'à ce jour.

Je crois donc pouvoir, éclairé par mon expérience de deux années, proclamer que la méthode Baucher, appliquée d'après les principes tels que je les ai reçus de mon professeur, M. Rul , est la seule applicable dans l'armée comme dans le civil, par les résultats infaillibles et prompts qu'elle donne dans l'éducation de toute espèce de chevaux, et par le tact qu'elle fait acquérir au cavalier en très-peu de temps.

Je ne pourrai mieux prouver ma reconnaissance à M. Rul, qu'en propageant, par tous les moyens en mon pouvoir, cette sublime méthode que j'ai étudiée à fond, et qui n'a rencontré de détracteurs que parmi ceux qui, au lieu d'étudier et d'approfondir cette méthode, ont préféré la condamner et la rejeter sans se donner la peine de l'examiner.

Signé : BECKX.

Bruxelles, le 15 juillet 1845.

Le soussigné, après avoir suivi un cours d'équitation selon la méthode Baucher, sous la direction de M. Rul, son élève, témoigne toute sa satisfaction de connaître une méthode dont il a pu apprécier l'importance des résultats.

Il saisit cette occasion pour féliciter M. Rul des nouvelles preuves d'habileté qu'il a données pendant la durée du cours, et pour le prier d'agréer ses remerciements et l'assurance de sa considération distinguée.

Le capitaine d'état-major,

Signé : BOUILLIART.

Bruxelles, le 12 juillet 1844.

Moi, Chefneux, officier au régiment des Guides, après avoir suivi un cours de la méthode de M. Baucher, sous la direction de M. Rul, élève de l'illustre écuyer, suis heureux de lui en témoigner toute ma satisfaction.

Ce système, qu'il développe avec autant de talent que de lucidité, ne peut manquer, tout en donnant l'amour du cheval et de l'équitation, de conduire à des résultats aussi prompts que certains.

Je pense que tout cavalier qui, comme moi, sera assez heureux pour pouvoir profiter d'aussi bonnes leçons, doit en saisir avidement l'occasion, et que, consciencieux, il sentira bientôt toute la reconnaissance qu'il doit à celui qui lui a prouvé qu'il ignorait beaucoup et qu'il avait tant à apprendre.

Signé: CHEFNEUX.

Moi, Baron du Val de Blaregnies, officier au régiment des Guides, soussigné, après avoir suivi un cours de la méthode de M. Baucher, sous la direction de M. Rul, élève de l'illustre écuyer, suis heureux de pouvoir témoigner toute ma satisfaction de connaître cette méthode. C'est surtout la partie des assouplissements que j'admire, car les résultats en sont aussi sûrs que prompts, tandis que par les autres méthodes, elle est si difficile et si longue à traiter. Mais, à mon avis, l'étude des écrits de M. Baucher ne peu suffire; et quelque soit l'habileté de l'amateur qui voulût en appliquer les préceptes (particulièrement pour les attaques), il ne pourrait parvenir aux résultats voulus, et surtout à donner à ses chevaux ce fini que la méthode réclame impérieusement, que pour autant qu'il soit guidé par les conseils d'un écuyer habile, qui en connaisse la pratique à fond, deux qualités que M. Rul possède éminemment, outre qu'il joint au talent de professeur l'art de rendre ses cours très-agréables.

Signé : Baron Du Val de Blaregnies.

Désireux de témoigner à M. Rul, professeur de haute équitation, élève diplômé de M. Baucher, ma satisfaction du cours de la méthode Baucher qu'il m'a fait suivre, j'ai l'honneur de lui en rendre grâces obligeantes.

Vienne, le 1er avril 1845.

Jérôme, Chevalier de Trzeürski,

Capitaine chef d'escadrons au premier régiment des Uhlans du comte Civallart dans l'armée de Sa Majesté Impériale Royale Apostolique.

Ayant terminé notre cours d'étude, je prends congé de vous, Monsieur, et comme vous désirez, je vous donne mon avis sur la méthode de M. Baucher, que vous venez de m'apprendre. C'est avec une parfaite conviction, que je trouve au cheval dressé sous votre direction, plus d'obéissance, d'agilité et de légèreté dans ses mouvements; il me contente en toutes occasions. En général, il me semble que la méthode de M. Baucher présente des moyens très-profitables à dresser et à monter un cheval, mais je ne pourrais donner une décision complète sur cette méthode, avant de l'avoir essayée sur plusieurs chevaux.

Comte NOSTILZ,

Major au 1er régiment des Uhlans Comte Civallart.

Vienne, le 2 avril 1845.

Ayant terminé notre cours d'étude, je prends congé de vous, Monsieur, et comme vous désirez, je vous donne mon avis sur la méthode de M. Baucher, que vous venez de m'apprendre. C'est avec une parfaite conviction, que je trouve aux trois différents chevaux dressés sous votre direction et selon vos conseils, plus d'*obéissance*, *d'agilité* et de *légéreté* que je n'en ai atteint sur *tous les chevaux que j'ai dressés depuis seize ans.*

Mon opinion est, que la méthode de M. Baucher présente des moyens *supérieurs* à dresser et à monter les chevaux ; et je vous remercie le plus obligeamment de m'avoir enseigné une si excellente doctrine.

HENRY, Comte COUDENHOVE,

Chef d'escadrons au 1er régiment des Uhlans Comte Civallart.

Vienne, ce 2 avril 1845.

EXTRAIT D'UN COURS D'ÉQUITATION CIVILE ET MILITAIRE,

D'APRÉS LA MÉTHODE DE M. BAUCHER.

PREMIÈRE PARTIE.

INSTRUCTION DU CAVALIER.

ÉTUDE DU MÉCANISME.

Travail en place (sans étriers).

VOLTIGE. . . . . . . { Sauter à cheval; descendre à droite, à gauche, avec ou sans armes, avec des poids. . . . . { à la main. à la ceinture: etc.

POSITION. . . . . . | Deux sortes de positions.

REINS. . . . . . . | (Flexion des).

TÊTE. . . . . | (Mouvements divers de).

BRAS.	1° Séparément. . . .	Extention.
	2° Ensemble.	Moulinets . . . . . { en avant. . . . . . { avec ou sans armes.
		en arrière. . . . . . { avec des poids.
		Mouvement divers d'assouplissements.
CUISSES.	1° Séparément. . . .	Rotations.
	2° Ensemble.	
GENOUX.	1° Séparément. . . .	Pressions.
	2° Ensemble.	
JAMBES.	1° Ensemble. . . .	Flexions.
	2° Séparément. . . .	
ASSIETTE	à droite	Déplacement. . . . . { avec ou sans armes.
	à gauche.	Redressement. . . . { avec des poids ; etc.

Allures.

MÊMES MOUVEMENTS	Au pas	sans rênes.	
QUE CEUX QUI PRÉ-	Au trot.	avec armes et bagages	sans étriers.
CÈDENT	Au galop	avec des poids. . . .	
SAUT DE BARRIÈRE. .	Avec armes et bagages, sans étriers ; avec des poids ; etc.	

N. B. — Deux mois suffisent pour faire un excellent cavalier militaire, en suivant cette progession.

DEUXIÈME PARTIE.

ÉDUCATION DU JEUNE CHEVAL DE REMONTE

Leçon de la cravache.

Travail en place.

Assouplissement de l'avant-main. . .	1° à pied. . . . . . 2° à cheval.	Flexions de mâchoire et d'encolure.
Assouplissement de l'arrière-main. . .	Pirouettes.	renversées. ordinaires.
Mise en main, Effets d'ensemble.		

Allures.

| Au pas. . . . . | sur les lignes . . . . | droites . . . .
 diagonales . . . .
 circulaires . . . . . | Mise en main . . . . | Effets d'ensemble, <br> directs, <br> latéraux. |

RASSEMBLER.
USAGE DE L'ÉPERON.
EFFETS D'ENSEMBLE
RAPPROCHEMENT DE L'ARRIÈRE-MAIN

en place.
au pas.

AU TROT. — sur les lignes — droites, diagonales, Circulaires. — Mise en main, Effets d'ensemble avec l'éperon. — Concentration des forces. Rapprochement de l'arrière-main. Rassembler ; etc.

TRAVAIL DE DEUX PISTES. — au pas. au trot.

AU GALOP — sur les lignes — droites, diagonales, Circulaires. — Mise en main, Effets d'ensemble avec l'éperon. Temps d'arrêt, Effets d'ensemble ; etc., etc.

AU GALOP — Changement de pied — du tact au tact. aux deux temps. à chaque temps.

Piaffer.
Mobilité, Flexion, Extension des extrémités antérieures. — Etc., etc.
Course de bague, de têtes.
Quadrille.
Carrousels. — Etc., etc.

Travail d'ensemble.

De pied ferme, partir au trot.

Allonger l'allure.

Reculer { et marcher au pas. / et partir au trot.

Voltes, demi-voltes, etc.

De pied ferme, partir au galop.

Au galop, demi-tour et repartir au galop.

Reculer et partir au galop.

Voltes, demi-voltes, pirouettes.

Reculer par deux, par quatre, par tiroir, etc.

Saut de barrière, de fossé, par un, par deux, par quatre, etc.

Faire tout le travail d'ensemble qui précède, avec les armes et les chevaux chargés.

Réunir les chevaux en peloton.

Le peloton étant de pied ferme, partir au galop, demi-tour, conversion, etc.

Le peloton étant au galop, s'arrêter, reculer et partir au galop.

École de peloton.

N. B. — Il est bien entendu que l'éducation militaire de jeunes chevaux ne comporte pas toute l'instruction contenue dans ce programme.

En se renfermant dans de sages limites, en ne prenant que la partie utile aux chevaux de troupes, *trois mois, au plus*, doivent suffire pour faire passer dans les rangs le cheval de remonte, *parfaitement dressé*.

Ainsi se trouve résolu ce problème :

Étant donné un jeune cheval de remonte et une recrue, les instruire tous les deux, dans l'espace de *cinq mois*, *mieux* qu'ils ne le sont, au bout de plusieurs mois, d'après les systèmes d'instruction équestres employé jusqu'à ce jour.

Sommaire des Questions théoriques enseignées dans le cours.

DU MÉCANISME.

Différence entre la force qui maintient le cavalier et celle qui dirige le cheval.

Comment arrive-t-on à être liant et solide à cheval ?

Pourquoi faut-il individualiser les forces du cavalier ?

Etc., etc.

DRESSAGE DU CHEVAL.

Quel est le principe des défenses du cheval ?

Du cheval bien conformé.

Du cheval mal conformé.

De l'action musculaire.

Des forces instinctives.

Des résistances, de leur cause, de leur effet.

Des assouplissements, de leur but.

De la force transmise.

De la position.

Du mouvement.

Des effets d'ensemble, de leur but, de leur effet.

De l'éloignement de l'arrière-main chez le cheval, au point de vue de l'équilibre, de la légèreté.

Des chevaux rétifs.

Y a-t-il des chevaux *indomptables* ?

Le cheval a-t-il de l'intelligence ?

Comment parle-t-on à son intelligence ?

A qui incombe la responsabilité de la mauvaise exécution des résistances, des défenses du cheval?

Conséquences de ce principe.

Comment expliquer que la *position* tient lieu de *châtiment* ?

De la prétendue insensibilité de la bouche du cheval.

Conséquences funestes de cette erreur.

Tous les chevaux peuvent-ils devenir légers?

Jadis pouvaient-ils le devenir?

Peut-on mettre dans la main un cheval non assoupli ?

Différence entre l'acculer et le reculer.

Démontrer que les résistances sont en raison directe de l'allure.

Des changements de direction, de la jambe opposée, de son effet au point de vue de la légèreté.

Des allures défectueuses, de leur cause, des moyens de les corriger.

De l'éperon, du but des attaques, de leur effet.

Comment? Pourquoi? A quel moment faut-il s'en servir? De la gradation à observer.

Qu'est-ce que le rassembler?

Du centre de gravité.

De la pondération, des flux et reflux de poids.

Peut-on rassembler un cheval non ramené ?

Différence entre ces deux modes d'action.

Cause de l'irritabilité chez quelques chevaux.

Des moyens de la corriger.

A quel moment faut-il commencer le galop?

Des moyens à employer pour faire galoper un cheval non rassemblé.

Du concours des deux jambes, de leurs fonctions, etc., etc.; quelle est celle qui doit primer pour le départ au galop?

Démontrer que le cheval dressé par la nouvelle Méthode acquiert plus de *mobilité*, de *souplesse*, de *vitesse* et d'*énergie*, par cette raison bien simple que, de deux hommes placés dans des conditions égales de poids et de forces, celui qui aura le mieux exercé ses forces, qui sera plus *assoupli* par l'étude raisonnée de la gymnastique, l'emportera en vîtesse, en force, en agilité sur le second, dont l'action musculaire serait moins développée, moins *assouplie*.

www.ingramcontent.com/pod-product-compliance
Lightning Source LLC
LaVergne TN
LVHW020451060726
842525LV00005B/1650